Lina Fritschi

EIN ANDERER TRAUM
UN ALTRO SOGNO

Gedichte Italienisch und Deutsch

Ausgewählt, übersetzt und mit einem Nachwort
von Christoph Ferber

Limmat Verlag
Zürich

I

La mano tenera che mi guidò per strada
mi depredò alla fine di ogni cosa.
Fui preda facile, senza un grido arresa
al tuo lungo agguato. Segreta e complice
ti salverò con un giuramento falso,
con un alibi impossibile.

Die zärtliche Hand, die mich führte,
hat am Ende mir alles entwendet.
Ich war eine leichte Beute und bin
ohne Schrei in die Falle gesprungen.
Heimlich, komplizenhaft
werd ich mit einem Meineid dich retten,
einem unmöglichen Alibi.

Per me tessesti una rete d’oro
e poi mi imprigionasti teneramente.
L’inganno fu così dolce e impercettibile
che quasi non mi accorsi di morire.
Sbatterono nel vento tutto l’inverno
le mie ali impigliate a quella rete.

Du hast für mich ein Goldnetz gewoben
und mich darin gefangen gehalten.
Zärtlich und sanft ist die Täuschung gewesen,
und mein Sterben hab ich fast selbst kaum bemerkt.
Einen Winter lang haben, in dieses Netz
verwickelt, meine Flügel im Windhauch geflattert.

Qualcuno fece frusciare le canne,
accesero fuochi in palude. Forse
passò una nave
e mi svegliò il suo lungo grido. Forse
ripassò il mio cigno
tenero e perduto?
All'alba c'era silenzio. Passano
ormai lontani da queste mie acque
uccelli e navi. E s'insabbia adagio
la mia piccola barca.

Im Schilf: ein Knistern,
Sumpffeuer lodern. Vielleicht
ist ein Schiff vorübergezogen.
Sein langer Aufschrei hat mich geweckt. Vielleicht
war's mein zarter, verlorener Schwan?
Am Morgen nur Schweigen. Nun
aber ziehen fern meiner Wasser
Vögel und Schiffe dahin. Und mein kleiner Nachen
versinkt im Sand.

A VOLTE, DI NOTTE

A volte, di notte, tu attendi in anticamera
con una valigia nuova, in silenzio. Io ti sento
e discendo dal letto un po' affannata
stringendomi addosso la castigata
mia camicia di vedova.
                                    – Andiamo? – tu mi dici
e ti scintillano azzurri e profondi
quei tuoi lontani occhi.
– Andiamo – io ti rispondo, tenera,
e non c'è differenza tra vita e morte,
un sentiero che continua, oltre le sponde.

MANCHMAL, NACHTS

Manchmal wartest du nachts im Vorzimmer,
mit einem neuen Koffer und schweigst. Ich höre dich,
steige vom Bett, ein wenig in Hast,
und hülle mich fest in mein
züchtiges Witwenhemd.
– Gehen wir? – sagst du zu mir,
und blau und tief leuchten mir
deine fernen Augen.
– Gehen wir! – sag ich dir zärtlich,
es gibt keinen Unterschied zwischen Leben und Tod:
Über die Ufer hinaus führt der Weg.

AUTUNNO

Bastò che tre nubi basse e pesanti
apparissero sul crinale
dei monti, la piazza s'immerse nella luce
d'autunno e giù dalle tre valli il vento
ci raggiunse con voce minacciosa. Un'ombra
si adagiò sulla collina,
svanirono le note d'estate e nel giro
di un'ora apparvero case nel vuoto
delle foglie. Udimmo tutta la notte
le lotte negli alberi e nei cespugli,
e l'alba denunciò sui rami
i segni della razzìa. Ma i pioppi
ne uscirono come fiamme,
sentinelle avanzate sui declivi.
Così sarà la morte
violenta e generosa, così
si annuncia il tempo dove il cuore
sarà solo a battersi con la sua tempesta.

HERBST

Es hat gereicht, dass drei niedrige, schwere Wolken
den Gebirgskamm überquerten, und schon war der Platz
in Herbstlicht gehüllt, und von den drei Tälern
erreichte der Wind uns mit drohender Stimme. Ein Schatten
verbreitete sich auf dem Hügel,
die Sommernoten verklangen, und nach einer Stunde
erschienen im Leerraum der Blätter
Häuser. Wir hörten die ganze Nacht
das Peitschen in den Bäumen und Sträuchern,
und die Zeichen des Raubzugs zeigten sich
in der Frühe an Ästen und Zweigen. Nur die Pappeln
ragten wie Flammen noch in die Höhe:
Wachtposten, übrig geblieben auf Hügeln und Hängen.
So wird der Tod sein,
großzügig-gewaltsam, so kündigt die Zeit sich an,
in der sich das Herz allein
mit seinen Herbststürmen misst.

Ingannerò la sorte
che mi corrompe gli occhi se incontrerò
il mare nel respiro
della risacca, se saprò il gatto
alla coda
bassa delle fusa.

Ich werde das Schicksal betrügen,
das mir die Augen trübt,
wenn ich im Luftstrom der Brandung
aufs Meer treffe, wenn ich die Katze
am unteren Ende
des Schnurrfadens weiß.

I tuoi denti erano neve e gli occhi
del lupo, a volte lampeggi da un vecchio
album di fotografie.
Tracce di grazia antiche e di misura
aveva abbandonato il Turco
in quel tuo corpo così bello così lungo.
Non ti ho sposato per paura.

Deine Zähne waren wie Schnee, deine Augen
die eines Wolfs, zuweilen blitzt du mir
aus einem alten Fotoalbum entgegen.
Aus vergangener Zeit hat der Türke
in deinem schönen, aufrechten Körper
Spuren von Anmut und Maß hinterlassen,
Aus Angst hab ich dich nicht geheiratet.

A maggio le rose
assalgono furiose la tua tomba,
sul viso di bronzo si sfoglia
la corolla più audace,
a braccia ostinate di spine e foglie
il granito soccombe.
Così giovane e salda
io ero una pianta selvaggia
nei brevi tuoi prati. Da quando
ci sorprese la falce
soltanto nei sogni ritorni
a raccogliere le lucide bacche.

Im Mai überwuchern
die wütend gewordenen Rosen
dein Grab, vor deinem bronzenen
Antlitz entblättert sich eine kühne
Korolla, hinter dornigen
Zweigen und Blättern
versteckt sich der harte Granit.
Auch ich war einst jung und gesund,
wie eine Wildpflanze
wuchs ich auf deinen
für immer verlassenen Wiesen.
Nachdem uns die Sichel
überrascht hat, kehrst du in Träumen nur
zu mir zurück, meine Beeren
zu pflücken.

LA GRAZIA

A volte pare la mia vita inerte
chiusa in due stanze con le biro e pagine
tentatrici, se chiedo al giro lento
dei dischi e a una radio soltanto
di quanto fuori accade o la memoria.
Ma se mi desto colma di parole
e i versi come lance mi trafiggono
so che la grazia è giunta e si è fermata.
Qui, e non altrove. E forse occulta
per giorni negli angoli mi ha aspettata,
ma io intenta all'angoscia gran solista,
a un arco che indagava sulle corde . . .

DIE GNADE

Träge und reglos erscheint mir zuweilen das Leben
in meinen zwei Zimmern mit den Kugelschreibern
und den verlockenden weißen Blättern, ich höre
eine Platte oder frage das Radio, was in der Welt
so geschieht, oder erinnere mich an Vergangenes.
Doch wenn ich wortevoll aufwache
und die Verse mich wie Lanzen durchbohren,
weiß ich, die Gnade ist da – und sie bleibt.
Hier und nicht anderswo. Vielleicht hat, in Ecken
versteckt, sie schon lange auf mich gelauert.
Ich aber, in der Angst, der großen Solistin, gefangen,
lauschte dem über die Saiten streichenden Bogen …

IL VERME

Forse per gli opposti fiumi del sangue
che dalla nascita mi rombano
nelle vene, mi piace la battaglia.
Ma voglio il nemico nobile
con armi palesi, il sogno più bello
è la battaglia con l'angelo. Non il verme
rosa e solitario che con la pioggia
è apparso sul selciato
e ha tentato l'assalto alla mia suola.

DER WURM

Vielleicht wegen der gegensätzlichen Blutströme,
die mir von Geburt an durch die Venen fließen,
lieb ich den Kampf.
Doch ich will einen edlen, mir würdigen Gegner,
den ich mit offenen Waffen bekämpfe. Der schönste
Traum ist der Kampf mit dem Engel. Nicht
der einsame rosa Wurm, der mit dem Regen
auf dem Straßenpflaster erschienen ist
und der meine Schuhsohle zu erstürmen versucht.

TENERA AI MIEI RITORNI

Tenera ai miei ritorni
come stasera, nitida alla tramontana,
città alla cancellata
verde dei monti, al brivido della insistente
neve nei canaloni. Corre per i portici
un'aria prigioniera
che rapisce i manifesti e strappa
l'ultimo grido ai tigli
e tutte le foglie convoglia a questa
giga serotina ai piedi
dei semafori impassibili.
Città, sei bella
per il profumo dei tigli che a maggio
ti inonda, per ogni tua pietra, per la grazia
dei campanili rosa,
a San Domenico l'acacia selvaggia
è salita sulla loggia.
Città, sei dolce
per quel ramo di lillà che sontuoso
discende e abbraccia una ringhiera, lassù
nella strada acciottolata dove da sempre
si è arroccata la mia infanzia. E là sogna,
e di là parla, e incalza.

ZÄRTLICH-VERTRAUT

Zärtlich-vertraut erscheint sie mir heute:
die Stadt vor der grünen
Kette der Berge,
lichtklar beim abendlichen Biswind,
und ein Schauder erreicht mich
aus den noch schneeverwehten Kanälen.
Durch den Laubengang zieht
ein gefangener Lufthauch und rüttelt
an den Plakaten; den Linden entreißt
er den letzten Seufzer und sammelt
zu Füßen der unempfindlichen Ampeln
die Blätter zu einer späten
Gigue.
          Stadt, deine Schönheit
erfasst mich im Mai, wenn dich, und in dir
jeden Stein, der Lindenduft hüllt,
wenn in rosa Anmut die Kirchtürme
schimmern, wenn wilde
Akazien San Domenico
bis zur Loggia erklettern.
                                        Stadt, deine Sanftheit
zeigt sich im Fliederzweig,
welcher üppig das herabsteigende
Geländer umrankt, dort oben, wo sich die Straße
mit den Kieselsteinen erstreckt, wo
meine Kindheit für immer verwurzelt ist.
Und dort träumt sie, von dort spricht sie,
von dort holt sie mich ein.

ALTO DICEMBRE

Invernale un ricordo prepotente
mi giunge dalla città abbandonata.
Mio padre che dai portici vecchi discende
una notte d'alto dicembre.
Trascina impetuoso un ramo d'abete
rapito ai boschi bassi del Lemina.
Non ci sono divieti nei lontani
anni venti, e le bambine aspettano
a casa. Com'è rimasto a lungo monello
quello svizzero trapiantato da Zurigo
dove la foresta incombe in città.
L'immagine passa rapida ma frequente
in questo paese d'esilio.

TIEF IM DEZEMBER

Winterlich mächtig erreicht
aus der Stadt, die ich verlassen habe,
mich ein Erinnern.
Tief im Dezember steigt nächtlich
mein Vater hinab durch die alten Lauben.
Einen Tannast aus den niederen Wäldern
des Lemina zieht er heftig hinter sich her.
In den fernen Zwanzigerjahren gibt es
noch keine Verbote, und die Töchter
warten zu Hause. Wie lange doch
ist er ein Schlingel geblieben, er, der aus Zürich,
wo der Wald an die Stadt grenzt,
in die Fremde verpflanzte Schweizer.
Das Bild geht mir schnell, aber oft
durchs Gedächtnis, hier,
in dieser anderen Stadt, im Exil.

IL LEONE

Il leone nel cerchio infuocato
al canto tristissimo dei Beatles.
È l'ora che il fratello selvaggio
– ladro di bestiame – aggira
il villaggio addormentato, o divora
l'antilope in fondo alla macchia. Ma qui
è l'ora dello spettacolo. Qui,
al rullo dei tamburi, sotto un cielo
senza stelle, il leone eseguirà
il suo lungo salto,
soffierà il suo ruggito annoiato
su mille visi.

DER LÖWE

Ein trauriges Lied der Beatles
und im Feuerkreis er, der Löwe.
Es ist die Stunde, in der sein Bruder
– der Viehdieb – ums
eingeschlafene Dorf streicht oder
am Rande des Buschs eine Antilope
verzehrt. Doch hier ist jetzt
Abendspektakel. Unter
sternlosem Himmel, bei Trommel-
wirbel, wird der Löwe seinen langen
Sprung ausführen – und
mit seinem gelangweilten Brüllen
in tausend Gesichter blasen.

GATTA FEDELE

Nel bosco di robinie
ho seppellito la mia gatta grigia,
il tredici dicembre.
Dopo un'ora
cadde la prima neve
che piegò su di lei i rami a frangia,
che le scrisse un'epigrafe bianca.
E qui in casa
striscia alla mia caviglia, insistente,
la sua ombra ritornata.

TREUE KATZE

Im Robinienwald
habe ich meine graue Katze beerdigt
am dreizehnten Dezember.
Nach einer Stunde
ist der erste Regen gefallen,
die Zweige über ihr
hat er wie Fransen hin zur Erde gebogen
und ihr so einen weißen
Grabspruch geschrieben.
Hier im Haus aber, um meine Knöchel,
streift inständig ihr
wiedererstandener Schatten.

IL DISTACCO E IL SOGNO

I Gatti dei tetti e delle strade,
signori dei terrazzi
delle soffitte e degli androni
i Gatti perenni nelle cucine
e quelli acciambellati sui sofà,
i Gatti che la sera se ne uscivano
per notturne indagini in cantina
e tra vertici e spioventi sotto la luna ...
Dove sono andati i Gatti del passato?
Distratta dalla fuga degli anni, dal viaggio
faticoso nel destino, gli ho tolto
il mio sguardo d'amore di dosso. A volte
nei sogni li incontro e li chiamo.
Ripetono antichi motivi di fusa
e alle mie caviglie si attorcigliano,
ma in altri sogni più allarmati
soffiano dalle nari e si allontanano.

TRENNUNG UND TRAUM

Die Katzen auf den Dächern, auf den Straßen,
Herrinnen der Terrassen,
Estriche, Eingänge.
Die ewigen Katzen in den Küchen,
zusammengerollt auf den Sofas,
die Katzen, die abends die Zimmer verließen,
um in Kellern nach Mäusen Ausschau zu halten,
auf den Giebeln den Mond zu betrachten …
Wo sind nur die Katzen von damals geblieben?
Zerstreut durch die Flucht der Jahre, die mühsame
Reise des Schicksals, hab ich sie
aus den Augen verloren, meinen Liebesblick
ihnen entzogen. Zuweilen
treffe ich sie in den Träumen und ruf sie zu mir.
Sie schnurren wie damals,
streichen mir um die Knöchel,
doch in anderen, angstvollen Träumen
laufen sie fauchend davon.

A LUNA PIENA

Tra le nubi la luna è salita regina
e insegue il corteo dei Gatti
che si avviano al bosco. Un bosco rimasto
alla fine dei prati, oltre il fosso di fango
e di ortiche. Sette betulle a guardia
dei pioppi, e una quercia che ospita
gli uccelli notturni. I Gatti avanzano cauti
col passo dell'antica pantera e puntano
attenti le vibrisse nell'aria.
Può accadere che dal fosso
sorga l'agguato – è squisito in campagna
il piatto della lepre col gatto – e che un colpo
di fucile attraversi la strada.
I Gatti lo sanno. Son Gatti vagabondi
di tutte le taglie e di ogni colore.
C'è quello che da poco
ha perduto un caldo salotto, e il brivido
gli corre sul manto arruffato,
c'è quello che un inverno all'addiaccio
ha reso agguerrito. Gattini nati
d'aprile da madri stremate
che li hanno allattati nelle culle dei fossi
o in fondo alle siepi. Un gattone
affila appagato le unghie
alla bianca betulla. Stasera
son tutti riuniti per cantare alla luna.

BEI VOLLMOND

Zwischen den Wolken ersteht König Mond.
Er folgt einem Rudel Katzen,
das sich zum Wald hin aufmacht. Ein Wald
am Ende der Wiesen, hinter dem Graben,
mit Schlamm, mit Brennnesseln. Sieben Birken,
dazwischen einige Pappeln und eine Eiche,
die die Nachtvögel beherbergt. Die Katzen
schreiten vorsichtig mit dem Schritt
schlanker Panther voran und beschnuppern
wachsam die Luft.
Es mag sein, dass aus dem Graben
Gefahr droht – auf dem Land gilt ihr Fleisch
wie jenes der Hasen als köstlich – und dass
ein Gewehrschuss die Straße durchquert.
Die Katzen wissen es. Es sind streunende Katzen
verschiedenster Größe und Farbe.
Wie die, die vor Kurzem
ihr warmes Zuhause verloren hat und deren
zottigen Pelz nun ein Schaudern erschüttert.
Oder die, die ein eisiger Winter
zur Kriegerin machte. Aprilkätzchen,
die erschöpfte Mütter in improvisierten Wiegen
in den Höhlen am Ende der Dornbüsche stillten.
Ein mächtiger Kater schärft stolz
seine Krallen an einer weißen Birke. Heute Nacht
haben sich alle vereint, um dem Mond
entgegenzujaulen.

UN ALTRO SOGNO

Forse solo un'ora è passata,
o un giorno, e tutti tornano stasera,
quelli che so vivi, quelli che dico morti.
I visi invecchiati, o sconvolti dall'ultima
sorpresa, tutti intorno ai tavoli
della mensa con riconquistati sorrisi.
Tutti a tintinnare bicchieri, e posate
sui piatti, a sussurrare,
a raccontar facezie, a far scongiuri
sui voli dell'alba. Qui il sogno vacilla,
si disperde. Sempre svaniscono
così. Eppure Tu ti stacchi prima
del dissolvimento e passi
a casa, dall'altra parte dell'isola
dove dormo con la bambina. E dici
vieni, andiamo a ballare a Siracusa.
Partiamo nella notte, con l'automobile da corsa,
rossa. Quante stelle. Se mi appoggio
alla sua spalla e chiedo gli altri dove sono,
non so, risponde, quello era un altro sogno.

EIN ANDERER TRAUM

Vielleicht ist erst eine Stunde vergangen
oder ein Tag, und alle kommen zurück, heute Abend,
die, welche ich lebend weiß, die, welche ich tot
glaube. Im Aussehen älter oder überwältigt von der letzten
Überraschung, alle rings um die Tische
der Mensa mit wiedergefundenem Lächeln.
Man hört ihre Gläser klingen, das Besteck
auf den Tellern klappern, sie flüstern,
erzählen sich Anekdoten, machen sich
(mit Beschwörungsformeln) Mut für den morgendlichen
Flug. Hier wankt der Traum, verliert sich. Immer verschwinden
sie alle. Doch Du, Du erhebst dich,
bevor alles sich auflöst, und begibst dich
nach Hause, auf die andere Seite der Insel,
wo ich mit dem Töchterchen schlafe. Und sagst,
komm, gehen wir tanzen nach Syrakus.
Wir brechen auf, noch in der Nacht, mit dem Sportwagen
in flammendem Rot. Wie viele Sterne! Wenn ich mich
an seine Schulter lehne und frage, wo denn die anderen seien,
antwortet er, ich weiß nicht, das war ein anderer Traum.

UN'OMBRA AL BANCO DEL BAR

(aeroporto di Galatina, 1950)

Come in uno slargo della memoria,
in un tempo per pietà o per ferocia
ritornato, tu appoggiato al banco del bar.
Cognac? Ti chiede l'aviere barista
un po' sorpreso, rammentando forse
una notizia, un funerale. Ma c'è stata
confusione, ultimamente. Tu accenni
di sì, cognac va bene. O qualcosa
di più dolce, aggiungi pensieroso,
già la terra è amara. Forse marsala,
come piaceva a mia moglie.
Ora io, richiamata, gli vado incontro.
Com'è affaticato, com'è stravolto:
– Al tuo posto nel nostro letto
ora dorme la bambina – gli dico
affrettata, in un soffio.

E così lui si disfà, e il sogno.

EIN SCHATTEN AM BAR-TISCH

(Flughafen von Galatina, 1950)

Wie wenn aufs Mal die Erinnerung sich ausbreitete,
sehe ich zu einer Zeit, die aus Grausamkeit oder Mitleid
zurückkehrt, dich an der Bar stehen.
Cognac? fragt dich der Barkeeper-Flieger,
ein wenig überrascht, vielleicht weil er sich
an eine Nachricht, ein Begräbnis, erinnert.
Doch in letzter Zeit war alles so hastig, verworren.
Du nickst, Cognac, in Ordnung. Oder vielleicht doch
etwas Süßeres, fügst du nachdenklich hinzu,
die Erde ist ja schon bitter genug. Vielleicht Marsala,
den meine Frau mochte. Da komme ich, zurückgerufen,
auf ihn zu. Wie ist er doch abgespannt, müde:
– An deinem Platz schläft in unserem Bett
nun die Kleine – sag ich
in einem Atemzug, hastig zu ihm.

Da löst er sich auf, wie der Traum.

DIVAGAZIONI SUL TAVOLIERE

Tu, la bambina e io, tac, tac, tac.
Per mano, come scolaretti,
la mattina di Natale
andavamo sul selciato
verso una stazione pietrosa del Tavoliere.
Il lungo divagare
del treno fra le vigne mi è rimasto
come la lenta fine
di un nastro che si svolge.
E le stelle dai finestrini a insistere,
a inseguirci, noncuranti della luna
impallidita, incappata nelle barriere
dell'alba. Andavamo verso brumosi
confini. Com'è lungo il viaggio, disse
la bambina, ma subito calò
le palpebre sotto la frangia bionda.
Sempre, ogni anno a Natale, questo viaggio
ritorna. E noi tre, superati
dal tempo e dalla morte, a recitare
sui fondali svaniti.

BETRACHTUNGEN ZUM TAVOLIERE

Du, unser Töchterchen und, ich: tac, tac, tac.
Wir halten uns an der Hand, wie Schüler.
Es ist Weihnachtsmorgen in aller Früh. Wir gehen
übers Pflaster zu einem steinigen Bahnhof des Tavoliere.
Das lange Dahingleiten des Zugs
zwischen Weinbergen ist mir geblieben
wie das langsame Ende
eines Bands, das sich aufrollt.
Inständig verfolgen die Sterne
uns durch das Fenster, ungeachtet des blassen
Monds, der hinter den Schranken
des Morgengrauens entschwindet. Wir fahren
dunstigen Grenzen entgegen. Wie ist doch
die Reise lang, sagt da das Kind, und gleich
schließt es die Lider unter den blonden Fransen.
Immer, jedes Jahr zu Weihnachten, kehrt diese Reise
zurück. Und wir drei, der Zeit
und dem Tod enthoben, spielen unsere Rolle
vor dem uns entgleitenden Hintergrund.

Tavoliere delle Puglie: Ebene im Norden Apuliens.

L'ULTIMO NATALE INSIEME

Forse per il vino chiaro e aspro della cena,
la notte fu per me rapida e insonne.
Come erano enormi i gigli rossi
sul pavimento, e i raggi della luna
sopra, a coltello. Tu e Gabriella, biondi,
le palpebre tenacemente a imprigionare
chissà quali sogni, io esclusa, sola.
Io fosca alle persiane, ai vetri
dei balconi. Là fuori scendeva Bisceglie
a gradinate verso il mare,
sotto la luce rossa e azzurra dei pianeti.
In quel cielo terso di lavagna
io contrastavo i presagi, annullavo
via via vaghi segni sui vetri.
A una svolta di mare, Galatina.
Là ci aspettava la morte, alta nel cielo.

LETZTE GEMEINSAME WEIHNACHTEN

Vielleicht wegen des hellen und herben Weins
war die Nacht für mich kurz und schlaflos.
Die roten, enormen Lilien auf dem Boden
wurden von spitzen Mondstrahlen erhellt. Du
und Gabriella, ihr schlieft. Mit euren blonden
Wimpern hieltet ihr hartnäckig Träume gefangen,
ich war davon ausgeschlossen. Allein
stehe ich finster vor den Rollläden, den Scheiben
des Balkons. Draußen senkt sich Bisceglie
stufenförmig zum Meer, unter dem roten
und blauen Licht der Planeten.
Vor diesem klar stehenden Schieferhimmel
versuche ich, Vorzeichen zu verscheuchen,
Ahnungen, eine um die andere von mir
zu weisen, zu eliminieren.
An einer Biegung des Meers: Galatina. Dort
hat uns der Tod erwartet, oben am Himmel.

E AMÉLIE, MI CHIEDERANNO

E Amélie? Mi chiederanno.
Sta bene, risponderò. Immersa
in quella sua grazia perenne,
gli occhi, la pelle, e il giunco
dolcissimo del corpo. Ricordate
le ultime foto d'aprile
sulle acque del lago. Abita ora
una città di pietra
dove il tempo non sale
e immobili stanno amore e bellezza.
I figli, il marito? Due giovani pioppi,
un uomo fuggitivo.

UND AMÉLIE, WIRD MAN MICH FRAGEN

Und Amélie? Wird man mich fragen.
Es geht ihr gut, ist meine Antwort. In ihrer
andauernden Anmut, mit ihren Augen,
der Haut, der Figur, ihrem anziehenden
Äußeren. Erinnert ihr euch
an die letzten Fotos, im April,
an den Ufern des Sees? Sie wohnt nun
in einer Stadt aus Stein, wo die Zeit
nicht mehr gilt, doch wo Schönheit
und Liebe unverrückt dastehn.
Ihre Kinder, ihr Mann? Zwei junge Pappeln,
er: ein wenig entfliehend.

II

SOLTANTO ADESSO

Solamente adesso ne scrivi?
Prima non potevo, per cinquant'anni
non potevo. Il dolore era furore,
e poi pietra. Ora ne parlo
di lontano, come di cosa
non mia, la mano slegata,
la penna indifferente. Forse
il passato è il tappeto ai miei piedi
oppure è un fondale di palcoscenico
e io cammino, e recito tragedie.

ERST JETZT

Erst jetzt schreibst du davon?
Vorher konnte ich nicht, fünfzig Jahre lang
konnte ich nicht. Der Schmerz war Wahnsinn,
und dann Stein. Jetzt sprech ich davon
aus der Ferne, wie von etwas,
was mich nicht angeht, mit unempfindlicher
Hand und gleichgültiger Feder. Vielleicht
ist die Vergangenheit der Teppich zu meinen Füßen –
oder sie ist der Hintergrund einer Szenerie,
und ich tret vor ihm auf und rezitiere Tragödien.

EVIDENZA DELLA BARA

Non potevo credere al telegramma,
uno sbaglio dicevo
al soldato che venne dal Distretto.
Era il millenovecentocinquanta,
mi dispiace signora, i funerali
avranno luogo a Lecce.
Domani, signora, trovarsi
a Lecce. Alle cinque del pomeriggio.
Vada via, io urlavo.
Ero sola nella piccola villa,
soltanto la bambina
dal terrazzo guardò giù. Corsi al telefono.
Urlai papà, papà, è morto Giovanni.
Egli gridò e pianse. Sì lui pianse
e bestemmiò in tedesco
il suo dio luterano e da quel filo
ancora le parole più tremende
contro il destino.

EVIDENZ DES SARGES

Ich konnte dem Telegramm nicht glauben,
ein Irrtum, sagte ich zum Soldaten,
der vom Bezirkskommando gekommen war.
Es war neunzehnhundertfünfzig,
tut mir leid, gnädige Frau, die Beerdigung
findet in Lecce statt.
Morgen, gnädige Frau, sich in Lecce
einfinden. Um fünf Uhr nachmittags.
Gehen Sie fort, schrie ich.
Ich war allein in der kleinen Villa,
nur das Töchterchen schaute
von der Terrasse herunter. Ich rannte ans Telefon.
Schrie: Papa, Papa, Giovanni ist tot.
Er schrie und weinte. Ja, er weinte
und fluchte auf Deutsch
seinem lutherischen Gott und durchs Kabel
hör ich noch immer die allerschrecklichsten Worte
gegen das Schicksal.

A LECCE

Andò lui, mio padre, a quei funerali
a Lecce. Il giorno dopo giunse
l'autocarro che portava la bara
e le ghirlande sfiorite. Io già
immobile come statua non piansi,
io piango soltanto per bagatelle.

NACH LECCE

Es war er, mein Vater, der zur Beerdigung
nach Lecce fuhr. Am Tag danach
kam der Leichenwagen mit dem Sarg
und den verblühten Girlanden. Ich,
schon reglos wie eine Statue, konnte nicht weinen.
Ich weine nur wegen Bagatellen.

VECCHIAIA

Riscoprirmi così vecchia, è un orrore.
Non sapevo, quando incominciai,
dove andavo. Era già tardi,
e vidi intorno a me amiche eguali.
Pelle vizza, schiene esauste. Capelli
ancora tinti o abbandonati al bianco,
stancamente. E dicevano all'età
nostra stanno bene i colori chiari.
Chi mi ha soffocato i seni, e piallato
i fianchi, già leggeri?
Ora paziente, immersa in un nuovo
silenzio, attendo le scene ultime
di un ignoto finale.

ALTER

Mich derart alt zu entdecken, o welch ein Graus!
Ich wusste nicht, als ich anfing,
wohin ich ging. Es war schon spät,
und ringsum sah ich, wie meine Freundinnen
mir alle glichen. Welke, verbrauchte Haut,
erschöpfte Rücken. Gefärbte Haare
oder aus Müdigkeit weiß gelassen. Man sagt ja,
dem Alter ziemen sich hellere Farben.
Wer hat mir die Brüste zerquetscht, die Hüften,
immer schon zart, geebnet?
Geduldige Stunde, in der ich,
in neues Schweigen gehüllt, die letzten
Szenen des Endspiels erwarte.

PER UN'AMICA

Mi dicono gli amici che in principio
d'autunno, l'aria a San Maurizio
verso sera è trasparente, così
che Saluzzo appare al bordo del basso
orizzonte. Acute pupille
lo sanno, binocoli indagatori
lo affermano. Io lontana suppongo
anche il lucido marmo di una tomba
a coprire un'amica,
a separare una dolce signora
nel suo disfacimento.

FÜR EINE FREUNDIN

Zu Anfang Oktober, sagen mir Freunde,
sei die Luft um San Maurizio gegen Abend
so klar, dass am Rande des tiefen Horizonts
Saluzzo erscheint. Dies wissen scharfe
Pupillen, behaupten in die Ferne gerichtete
Rohre. Ich, noch viel weiter entfernt,
vermute dort auch jenen glatten
Marmor, der eine Freundin
bedeckt, der mich von einer sanftmütigen,
lieben Frau, die am Verwesen ist, trennt.

ROMA

Ho della città soltanto un amaro
ricordo, l'ultimo giorno di guerra.
Bombardarono Frascati, e i caccia
italiani e tedeschi insieme,
si alzarono a contrastare. Fra quelli
mio marito, e tutti dopo un whisky
e una sigaretta. Quando stravolti
ritornarono, gli italiani furono
addossati al muro, e udirono
la voce del comandante tedesco:
«Cinque minuti di tempo. Fuggite!
Un generale ha parlato da un trono
abbandonato, ha detto nemici
gli amici di ieri. Ma voi siete eroi,
fuggite, non prendo eroi prigionieri.»
L'attenti, uno scatto, il salto
sulle biciclette. E verso Roma
andarono gli eroi, a testa china
in cerca di rifugio.

ROM

Von der Stadt habe ich nur eine bittere
Erinnerung, der letzte Tag Krieg.
Frascati wird bombardiert, und die deutschen
und italienischen Luftjäger erhoben
sich zusammen, um dem Angriff
zu trotzen, darunter mein Mann, wie alle
nach einem Glas Whisky und einer Zigarette.
Wie sie verstört zurückkamen, mussten
sich die Italiener vor einer Mauer
aufstellen, und sie hörten die Stimme
des deutschen Kommandanten:
«Ich gebe euch fünf Minuten, flieht!
Ein italienischer General hat von
einem verlassenen Thron aus gesprochen
und die Freunde von gestern zu Feinden
erklärt. Aber ihr, ihr seid Helden, flieht,
ich nehme keine Helden als Gefangene.»
Die Habachtstellung, ein Ruck, und der Sprung
auf das Fahrrad. Und nach Rom
fuhren die Helden, gesenkten Hauptes,
auf der Suche nach Unterschlupf.

LA MORTE DI MIO PADRE

Eri seduto nel giardino
all'ombra del prugno, e guardavi
felice i suoi frutti violetti.
Qui ti colse la morte, con un colpo
basso all'addome. E ne moristi in fretta,
soltanto dicesti: mutter ... E io
rimasi tutta sola a combattere.
Tu ora in pace, a mani assurdamente
giunte. Ma non sei lontano se a volte
passi la notte nei miei sogni
e mi afferri, e mi trascini su per colline
verdi, e ancora io mi sento bambina.

DER TOD MEINES VATERS

Im Garten hast du gesessen
im Schatten des Zwetschgenbaumes und hast
mit Zufriedenheit auf die violetten
Früchte geschaut. Hier
hat dich der Tod ereilt, mit einem
Tiefschlag im Unterleib. Und du starbst
schnell, sagtest nur: Mutter … Und *ich*
muss alleine nun kämpfen.
Du liegst nun in Frieden, mit lächerlich
verschränkten Händen. Aber du bist
nicht weit weg, wenn du zuweilen nachts
mir durch die Träume streifst,
mich ergreifst und mich über grüne
Hügel führst – und ich
wieder Kind bin.

MIO PADRE, MIA MADRE

Che cosa, se non l'amore, li spinse
all'incontro? Lui dai fiumi tedeschi,
che vanno dal nord al sud e poi
ancora al nord rombanti tra le rocce.
Lei, estratta a forza, pallida ancora
dal collegio. Lei ritrosa fu spinta
nel grande letto immacolato.
Egli parlava soltanto tedesco,
e lei un mite italiano, preciso.
Ma andarono insieme fino alla morte,
forse cercando sempre
l'uno e l'altra lo sconosciuto.

MEIN VATER, MEINE MUTTER

Was, wenn nicht Liebe führte sie
zueinander? Er von den nördlichen
Flüssen kommend, die zuerst
leicht nach Süden, dann aber wieder,
zwischen Felsmassen tosend,
nach Norden fließen. Sie, mit Gewalt fast,
und bleich noch, den Internatsräumen
entrissen, widerstrebend dem großen
ehelichen Bett zugeführt.
Er sprach nur Deutsch – und sie
ein sanftes, präzises Italienisch.
Doch sie gingen immer zusammen,
bis hin in den Tod, vielleicht
suchten beide für immer
im andern das Unbekannte, das Fremde.

NON POSSO DIRE

Non posso dire la grande solitudine,
non posso raccontare di questo lenzuolo
nero che da quattro anni mi ravvolge
e da tutti mi separa. Non dico
cecità, o solitudine,
oppure morte. Hanno lo stesso odore,
e in questi tre possibili spazi mi muovo.

ICH KANN SIE NICHT NENNEN

Ich kann sie nicht nennen, die große Einsamkeit,
ich kann nicht von diesem schwarzen Leintuch,
das mich seit vier Jahren umhüllt und von allen trennt,
sprechen. Ich sage nicht Blindheit
oder Einsamkeit oder gar Tod. Doch haben sie alle
den gleichen Geruch, und in diesen drei möglichen Räumen
bewege ich mich.

QUALE BAGAGLIO?

Una lunga agonia, quattro anni
di cecità sono tanti, opprimono
come macigni. Mi sorprende il senso
di morte, l'avvertimento che il viaggio
finisce. Si scende, si cambia.
Quale bagaglio potrò trascinare,
ombra leggera? Il vuoto, le parole,
forse le parole. Me le troverò accanto?

WIE VIEL GEPÄCK?

Eine lange Agonie, vier Jahre
Blindheit ist viel. Sie drückt
wie ein Felsblock. Aufs Mal
spür ich den Tod, die Reise ist bald
vorbei. Aussteigen, umsteigen.
Wie viel Gepäck darf ich mitnehmen,
leichter Schatten? Die Leere,
die Worte? Vielleicht die Worte.
Werd ich sie dann bei mir finden?

IL COLLOQUIARE

Se con alte tecnologie
muterà il colloquiare tra gli amanti,
come sarà l'amore?
Un rimbalzare di tasti, un gelo
di sospiri metallici. Ma
più chiara e più limpida la lettera
d'amore ancora offrirà la parola.
Io vecchia e cieca insisto con la penna,
così parole d'amore in disordine
vanno ondulando sulla carta.

DAS GESPRÄCH ZWISCHEN LIEBENDEN

Wenn sich mit hoher Technologie
das Gespräch zwischen Liebenden wandelt,
was bleibt dann noch von der Liebe?
Tasten in ihrem einförmigen
Auf und Ab, eisig-metallene Seufzer? Nein,
heller und leuchtender zelebriert
Wort und Liebe der Brief.
So bleibe ich, alt und blind, meinem Füller
treu, und die Worte der Liebe
stürzen sich wellenförmig und ungeordnet
auf das Papier.

I RICORDI ASSOPITI

Ci guardano di lontano i ricordi
assopiti, han perduto gli artigli
e le spine. Come torpide belve
dopo il pasto, riposano. Ma forse
preparano il prossimo balzo.

DIE SCHLUMMERNDEN ERINNERUNGEN

Aus der Ferne schauen sie uns an, die schlummernden
Erinnerungen, sie haben ihre Krallen
und Dornen verloren. Wie gefühllose Raubtiere
nach dem Essen liegen sie auf der Erde,
ruhen sich aus. Doch vielleicht
nur bis zum nächsten Angriff.

SOPRAVVISSUTA

Poesia, strega, compagna
e nemica. Anche adesso
mi incalzi, adesso che sono
vecchia. I versi come fiori
sulle bare, come corone
agli inganni, pietre alle offese.

ÜBERLEBT

Poesie, Hexe, Gefährtin
und Feindin. Auch jetzt noch
bedrängst du mich, jetzt,
wo ich alt bin. Verse
wie Blumen auf Särgen, Kronen
auf Täuschungen, Steine
auf Hohn und Beleidigung.

ATTESA PER UN NIPOTE

Senza di te la casa è un mostro
di cemento, le scale,
le stanze vuote attendono il tuo passo
vertiginoso di pirata.
Tutto trattiene il fiato.
Tu padrone di ogni segreto angolo,
tu sei l'occhio vigile dal solaio
alle cantine. Memoria pungente
di ogni evento, signore
assoluto della tua camera,
del tuo letto antico, ritorna.
Chissà dove nasconderai l'amore.

WARTEN AUF EINEN NEFFEN

Ohne dich ist das Haus
ein Zement-Monster, Treppen
und leere Räume warten, Pirat,
auf deinen schwindelerregenden
Schritt. Den Atem hält alles an.
Du, Herr der geheimsten Ecken,
bist das wachsame Auge des Estrichs,
des Kellers. Zehrende Erinnerung
jedes Ereignisses. Allein-
Herrscher über dein Zimmer, das alte
Bett. Kehr mir zurück! Wer weiß es,
wo du die Liebe versteckst?

A BONA

Hai conservato l'antico sorriso
di fanciulla tenera e bionda. Non hai
paura per la sorte
dei figli andati lontano, e cinque
figli sono tanti. Tutti nati d'amore.
Io lo so, io che ti conosco
da sempre. Da quando abitavi
la villa sul fiume e ogni anno
avvicinavi alla finestra
una culla nuova, al bacio del sole.
Ora sono cieca ma ti so
teneramente accanto a tuo marito,
e da lui assorbi forza e letizia.
Ed egli ancora parole d'amore
ti sussurra e inventa felici
mete e passaggi per te.

FÜR BONA

Du hast dein Lächeln bewahrt, das Lächeln
eines zarten und blonden Mädchens. Du hast
keine Angst um das Schicksal
der in der Fremde lebenden Kinder, und fünf
sind ja nicht wenig. Alles Kinder der Liebe.
Und ich weiß es, ich, die ich dich
seit jeher kenne. Seit du in der Villa
am Fluss lebtest und jedes Jahr
eine neue Wiege dem Fenster
nähertest, dem Kuss der Sonne.
Nun bin ich blind, doch ich weiß dich
zärtlich bei deinem Mann, der dir
Freude und Kraft gibt.
Und er flüstert, wie damals, dir Worte
der Liebe zu und erfindet für dich
neue Wege und Ziele.

L'ANGELO

Si stacca di lassù, dal colle
di San Maurizio, scorre lungo le gotiche
romaniche mura e poi vola
incontro alla città. La strada
a larghi tornanti si illumina.
E io attendo la visione vicina.
Ma intorno alla fronte l'angelo porta
una fascia nera dove sta scritto
Poesia. L'avvertimento è una spada
nel cuore, un bagliore
fra i miei occhi spenti. Riprendo a scrivere
versi amari. Spingono intorno,
simili a fiamme, le parole.

DER ENGEL

Er hebt sich von dort oben ab, vom Hügel
von San Maurizio, überfliegt die romanischen
und gotischen Mauern in Richtung Stadt. Die Straße
mit ihren breiten Kurven erhellt sich.
Und ich warte auf die mir nahe Vision.
Doch um die Stirn trägt der Engel
ein schwarzes Band mit der Aufschrift
Poesie. Die Warnung ist: im Herzen
ein Schwert, ein Lichtschimmer
zwischen meinen erloschenen Augen. Ich fahre fort
und schreibe bittere Verse. Wie Flammen
flackern die Worte inständig um mich.

IL COMPUTER

Sono vecchia, fuori dal tempo
non ascoltatemi se dico
che il computer uccide l'uomo.
Non badate a un vecchio poeta cieco,
lasciate che scriva, che scriva,
con la biro o con la matita.
Vi invitano altre splendide voci
e vi conquistano. Si può lasciare
un bambino addormentato vicino
al computer? Quale perversa onda
lo raggiungerà? Fuggiranno i sogni,
altri ne verranno. E poi le idee,
più rigide, sicure da espletare
subito. Io ho paura, io voglio
l'antico bambino, il bambino
che respira l'aria della foresta.

DER COMPUTER

Ich bin alt, lebe außerhalb jeder Zeit,
und wenn ich sage, der Computer
zerstört den Menschen, hört nicht auf mich.
Hört nicht auf einen alten und blinden Dichter,
lasst ihn nur schreiben, immer weiter schreiben,
mit seinem Füllfederhalter, mit seinem Bleistift.
Immer neuere, verlockendere Stimmen
betören, überwältigen euch. Aber kann man
ein Kind neben einem Computer einschlafen
lassen? Was für eine perverse Welle
wird es erreichen? Entfliehen werden die Träume.
Andere kommen. Und andere Gedanken, Ideen,
unbeugsame, starre, die es gleich
zu verwirklichen gilt. Ich habe Angst, will
das Kind, wie es damals war, das Kind,
das den Waldgeruch wahrnimmt.

MONTAGNA D'OTTOBRE

Già ai primi di ottobre le foglie degli aceri
a mezza montagna si staccano
dal ramo e stanno sospese incerte nell'aria.
Il fiato del vento da nord le spinge
a cadere, a fare tappeto
al passo del lupo che presto
uscirà cauto dalle forre.

BERG IM OKTOBER

Schon in den ersten Oktobertagen lösen sich
an den Gebirgshängen die Ahornblätter
von ihren Ästen und hängen bewegungslos in der Luft.
Der nördliche Windhauch drängt sie
zum Fall auf den Boden, wo sie dem Wolf,
der sich bald aus den Höhlen davonmacht,
einen Teppich bereiten.

TRAPASSI

D'autunno il bosco è una fiamma, le lunghe
strade per i valichi sono
più nette e più scavate, volano già basse
le ali dei predatori, prima che cali
la neve. I greggi già strappano
con rabbia i fili d'erba dura
mentre chiudono il cerchio intorno
alla grangia dove la fiamma
danza nel camino. La morte
dell'estate è veloce,
l'inverno giunge a tradimento
in montagna. Altri segni il fumo
di un comignolo, la voce mutata
del vento fra le pareti di roccia
e il latrato allarmato
del cane, per il lupo non lontano.
Da una roccia alta io seguivo
la morte dei colori nella nebbia.
E queste tarde figure d'autunno
ora son ferme nei miei occhi spenti.

ÜBERGÄNGE

Im Herbst ist der Wald eine Flamme, die langen
Wege über die Pässe sind ausgehöhlter
und klarer, tiefer durchstreifen
die Flügel der Raubvögel
den Raum, bevor Schnee fällt. Schon
reißen die Herden mit Wut die harten
Grashalme aus, wenn sie im Kreis um die Steinhütte
stehen, wo die Flamme des Herdfeuers tanzt.
Der Tod des Sommers hat's eilig, der Bergwinter
kommt wie ein Dieb, unverhofft,
plötzlich. Andere Zeichen: der Rauch
eines Schornsteins, die veränderte
Stimme des Windes zwischen den Felswänden
und das angstvolle Kläffen eines Hundes,
der den Wolf riecht.
Von einem hohen Felsen aus hab ich im Nebel
den Tod der Farben gesehen.
Und diese späten Figuren des Herbstes
verbleiben in meinen erloschenen Augen.

LO SPIRITO SANTO

Che sia Lui a soffiarmi i ricordi sugli occhi
spenti, che sia Lui a risalire dal pozzo
profondo e seppellito,
e condurre la penna tra le dita?
Così lo Spirito del mondo
scompiglia i capelli, investe il cervello.

DER HEILIGE GEIST

Ob es wohl Er ist, der mir die Erinnerungen
in die erloschenen Augen bläst, ob es wohl Er ist,
der aus dem tiefen, begrabenen Brunnen wieder ersteht
und mir beim Schreiben die Finger führt?
So zerzaust dir der Weltgeist die Haare
und rüttelt an deinem Gehirn.

BALLO ANTICO

Per grazia gentile la radio
mi porta antiche canzoni. Io ascolto
parole d'amore, avvolta in abbracci
lontani, i cavalieri sono già seppelliti.
Ma le voci ancora sussurrano,
i respiri ardono sulla spalla nuda.
Irrompe Sinatra con il notturno
straniero, i Beatles
esalano profezie. Poi grida
Edith Piaf il suo Milord.
Anche se fuori nevica l'abbraccio
è caldo. Io ritorno giovane,
vestita di seta sotto le grandi
lumiere di cristallo. Anche quando
la canzone si spegne, continuo a sognare
nella remota città dei cavalli.

ALTER TANZ

Das mir so gnädig gestimmte
Radio bringt mir Lieder
aus alter Zeit. In ferne Umarmung
gehüllt, höre ich Worte der Liebe,
die Kavaliere sind längst begraben.
Doch ihre Stimmen
flüstern noch immer, und ihr Atem
brennt auf der nackten Schulter.
Mit seinem Nachtstück
überrascht uns Sinatra, die Beatles
verkünden die Zukunft.
Dann schreit ihr Milord
Edith Piaf. Auch wenn es draußen
fest schneit: Die Umarmung ist warm.
Ich bin wieder die junge Frau,
in Seide gekleidet, unter den Lüstern
aus Kristall. Selbst wenn das Lied
ausklingt, träume ich immer noch
in der fernen Stadt mit den Pferden.

CECITÀ

Forse sono già morta ma non lo so,
forse è soltanto un sogno.
Agito le mani come farfalle,
cerco una probabile luce
alzando e abbassando le tapparelle,
aprendo e chiudendo finestre.
Ma il buio intorno è uguale. Forse
è un sogno e mi risveglierò al sole.
Quando giungono amici dal nord
sono come fantasmi, riconosco
le voci, indovino i gesti. E quando
ripartono, essi si disperdono.

BLINDHEIT

Vielleicht bin ich schon tot, aber weiß es nicht,
vielleicht ist es nur ein Traum.
Wie Schmetterlinge beweg ich die Hände,
such ein wahrscheinliches Licht,
indem ich die Storen hinauf- und hinunterrolle,
indem ich die Fenster öffne und schließe.
Aber die Dunkelheit rings ist die gleiche. Vielleicht
ist es ein Traum und ich werde beim Sonnenlicht
wieder erwachen.
Wenn aus dem Norden Freunde kommen,
sind sie für mich wie Gespenster, ich erkenne
die Stimmen, errate die Gesten. Und wenn sie
dann wieder gehen, zerstiebt alles aufs Mal.

PREGHIERA

Sapessi quale dio pregare
perché trascorra in fretta il tempo
che mi rimane, potessi incontrare
spalancata una porta
che nel nulla mi rovini e dal tempo
per sempre mi cancelli.

GEBET

Wüsste ich nur
zu welchem Gott beten,
dass die Zeit, die mir bleibt,
eiligst vergehe, könnte ich nur
einer offenen Türe begegnen,
die mich ins Nichts stürzt
und die aus der Zeit
mich für immer vertreibt.

CONFUSIONE FINALE

Cala un sipario pesante. Io muoio,
sento la mia fine cantare rauca
e vicina. Ombra pesante,
nel deserto che lascio, stridono due guerre
mondiali, urla una guerra civile.
Solamente l'amore ha piantato roseti.
Addio addio voglio riposare
nel nulla, forse sognare gli inganni,
tènere delizie riservate ai poeti.

LETZTE VERRWIRRUNG

Schwer fällt der Vorhang. Ich sterbe,
ich höre mein Ende singen, rau
tönt es und nah. In der Wüste, die ich verlasse,
ein schwerer Schatten. Zwei Weltkriege
kreischen, ein Bürgerkrieg schreit.
Nur die Liebe hat Rosensträuche gepflanzt.
Lebewohl, lebewohl, im Nichts
will ich ruhen, vielleicht um von Täuschungen,
zärtlichen Dichterwonnen, zu träumen.

NEGAZIONE

Ho posato sulle bare corone
di pietra, ho sbandato
i ricordi. Recito ancora
gli addii, agli amori, alle amicizie,
agli uomini vivi, sorda agli ingannevoli
richiami. Se cerchi il mio cuore
è incenerito, fegato e cervello
son più lenti a morire.

VERNEINUNG

Mit Steinkronen
hab ich die Särge bedeckt, das Gedächtnis
zerstreut. Das Abschiedsgebet
rezitiere ich immer noch. Nehme Abschied
von Liebe, von Freundschaft,
von lebendigen Menschen. Bin taub
für ihr Rufen, ihre Täuschung. Suchst du
mein Herz, findest du Asche, Leber und Hirn
sterben langsamer.

MORTE VICINA

Dicono che in vecchiaia
se ricompare il desiderio
d'amore, è segno di morte vicina.
Tenera amica è la mia morte.

NAHER TOD

Man sagt, im Alter,
wenn der Wunsch nach Liebe
zurückkehre, sei dies ein Zeichen des nahen Todes.
Zärtlicher Freund ist mir mein Tod.

INVERNO

Ero giovane e nuova
nell'incontro d'estate, appena nata.
Ma era estate? Non ne sono certa
perché subito come un falco
piombò l'inverno e nel gelo mi seppellì.

WINTER

Ich war jung, und der Sommer,
der eben begonnen hatte, war mir noch neu.
Doch war es Sommer? Ich weiß es nicht mehr,
denn sogleich ist wie ein Falke der Winter
auf mich gestürzt und hat unter Eis mich begraben.

ARMONIA

Quel senso di bellezza
e di armonia che ci prendeva
insieme, a volte ci stupiva.
Pensavamo che venisse dall'alto,
che fosse una grazia celeste.
Era invece la vampa
che si sprigionava se intrecciavamo
le nostre dita inquiete.

HARMONIE

Wir staunten, denn auf einmal
war für uns alles
Schönheit und Harmonie.
Ein Zeichen
von oben, eine himmlische Gnade?
Es war nur die auflodernde
Flamme, wenn sich unsere
unruhigen Finger verflochten.

SEI PROPRIO UN POETA

Sei proprio un poeta, dicevi a volte,
fissandomi con quei tuoi occhi acuti,
che sapevano ancora
di giovinezza. Ed io da te accettavo
queste parole anche se
mi estraniavano dal campo d'amore.

DU BIST WIRKLICH EIN DICHTER

Du bist wirklich ein Dichter, sagtest du manchmal –
und hast mich mit deinen aufmerksamen Augen,
die noch immer vor Jugend strahlten, fest
angeschaut. Von dir habe ich diese Worte
gern in Empfang genommen, auch wenn sie
mich vom Felde der Liebe entfernten.

ANCHE DOPO LA MORTE

Anche dopo la morte,
avevo chiesto. Anche dopo,
aveva risposto. E sorrideva
guardandomi negli occhi.
E carezze, mai più carezze?
Non misurerò le mie forze astratte,
ma finché potrò ti starò vicino.
Così come dicono le tavole
d'argilla dissepolte
tra i fiumi in Mesopotamia.

AUCH NACH DEM TOD

Auch nach dem Tod,
hab ich gefragt. Auch nach dem Tod,
hat er geantwortet – und gelächelt
und mir in die Augen geschaut.
Und Zärtlichkeit, keine Zärtlichkeit mehr?
Meine abstrakten Kräfte will ich nicht messen,
doch solange ich kann, bleib ich dir nah.
So wie es die Tontafeln sagen,
die man ausgegraben hat
zwischen den Flüssen
in Mesopotamien.

TORMENTO E FORTUNA

Non ti ho amato abbastanza,
assorta ad ascoltare
il battito del tuo cuore, aspettavo
sempre da te l'abbraccio
d'amore, e i gesti. Lasciavo a te
l'iniziativa, e ogni volta ero conscia
di luoghi alti, mai raggiunti prima.
Dopo di te per sempre
sono rimasta sola. Ma mi accompagna
il ricordo che insiste
e perseguita, tormento e fortuna.

QUAL UND GLÜCKSELIGKEIT

Meine Liebe zu dir war nicht groß genug,
war ich doch immer darin versunken,
deinem Herzschlag zu lauschen, deine Umarmung
zu erwarten und die Gesten der Liebe. Dir
überließ ich die Initiative – und jedes Mal
war ich überzeugt, einen neuen, noch nie erlebten
Höhepunkt zu erreichen. Danach, als du
nicht mehr da warst, war ich für immer allein.
Doch noch heute begleitet mich die Erinnerung,
sie bedrängt mich, sie verfolgt mich, ist mir
Qual und Glückseligkeit.

SUI RAMI DEL CILIEGIO

Ricordo il tuo orrore di quando
nella guerra di Spagna
inseguito salisti sul ciliegio.
Ma il tuo compagno fu atterrato
là sotto, alle radici, e col coltello
gli cavarono gli occhi. Tu tremavi
ancora, dopo tanti anni
e fissavi lontane occhiaie vuote.
Per questo, di frequente, con le dita
ti abbassavo le palpebre.

AUF DEN ÄSTEN DES KIRSCHBAUMS

Ich denke noch an den Schrecken,
als während des Spanischen
Bürgerkriegs du verfolgt auf den Kirschbaum
klettertest. Dein Freund aber
wurde zu Boden geschlagen, dort unten
bei den Wurzeln, und mit dem Messer
schnitt man ihm beide Augen
heraus. Du zittertest
noch nach Jahren und blicktest starr
in ferne, leer gähnende Augenhöhlen.
Deswegen hab ich dir häufig mit den Fingern
die Lider geschlossen.

NELLE TUE BRACCIA D'ARIA

Raccoglimi nelle tue braccia d'aria
spirito compagno, spirito
d'amore. Son così sola, non basta
l'illusione mattutina della tua voce
che dice vuoi venire con me.
Non posso decidere sola,
dammi il tuo richiamo, una spinta
amorosa, un rifugio eterno.

IN DEINEN LUFTARMEN

Empfange mich in deinen Luftarmen,
Gefährte Geist, Geist
der Liebe. Ich bin so allein, die morgendliche
Täuschung deiner Stimme, die mich einlädt,
zu dir zu kommen, reicht mir nicht aus.
Allein kann ich mich nicht entschließen,
deinen Lockruf will ich, ein liebendes
Drängen, eine ewige Zuflucht.

INDAGINE

Chiusa nell'involucro delle nebbie,
al di là di un sipario
che varia il suo colore
a seconda delle ore o del giro
del sangue, ho molto tempo per l'indagine.
Indago nel nulla, so del nulla che intorno
agita e dibatte le cose,
e gli uomini. Mi giungono echi,
grida, silenzi. Interpreto
a secondo del suono, a seconda dell'onda
del sangue. E nutro la pazienza,
ascolto il silenzio. Io non so se le palpebre
sono aperte o abbassate, non so.
So che anche la sordità è in agguato
per chi a lungo si ostina a vivere.
Così mi rimane la triste
pazienza. E su tutto stride il lugubre
urlo della vecchiaia.

PRÜFUNG

Eingeschlossen in die Hülle des Nebels,
jenseits eines Vorhangs,
dessen Farbe sich ändert
je nach Stunde und Kreislauf
des Bluts, bleibt mir viel Zeit für die Prüfung.
Ich prüfe das Nichts, weiß vom Nichts,
das die Dinge und Menschen
ringsum aufrüttelt, bewegt. Mich erreichen Schreie,
Echos und Schweigen. Ich enträtsle sie
je nach Klang, je nach Woge
des Bluts. Und ich nähre die Geduld,
hör auf das Schweigen. Ich weiß nicht, ob meine Lider
geöffnet sind oder geschlossen, weiß es nicht.
Ich weiß auch: Für den, der zu lange
zu leben beharrt, lauert auch Taubheit.
So bleibt mir, traurig, nur die Geduld.
Und über allem kreischt schrill
der finstere Schrei des Alt-Seins.

LA PROVA

È stata dura la prova di vita
in questo paese sempre un poco straniero,
qui mi ha colpito la cecità
con le sue lampade nere, qui ho perduto
gli amici, morti lontano. Mi manca
l'aria dei miei monti, qui spadroneggia
il vento e non cantano i fiumi,
soltanto gorgogliano lenti,
cercano il mare. Sentinella
dell'anima, è rimasta la poesia
che mi turba, mi lacera, mi sconvolge.

DIE PRÜFUNG

Hart war sie, die Prüfung des Lebens,
in dieser mir immer ein wenig fremdländischen Stadt,
hier hat mich die Blindheit befallen
mit ihren schwarzen Lampen, hier hab ich
die Freunde verloren, die in der Ferne verstarben. Es fehlt mir
die Luft der heimatlichen Berge, hier herrscht
der Wind – und die Flüsse, sie singen nicht, nein,
sie gurgeln nur langsam, suchen das Meer. Wächterin
meiner Seele bleibt mir die Poesie,
sie verwirrt mich, zerwühlt mich, reißt mich mit sich.

UN CUORE GIOVANE

Morire con un sentimento
ancora intatto nel cuore. Un cuore
giovane, altrimenti sarebbe
lacerazione, urto,
disfatta. Ancora alla terra avida
ricchezze affiderà il mio cuore.

EIN JUNGES HERZ

Sterben – und im Herzen
lebendig noch fühlen. In einem jungen
Herzen, sonst wäre es
Aufprall, Zusammenbruch,
Niederlage. Der durstigen Erde
auch dann noch seine Reichtümer schenken.

COL SEGNO DELLA GRAZIA

A volte un caldo liquido
mi raggiunge e mi sommerge. Ritorno
donna se parlo con te,
se ti richiamo in mente.
Sotto questa mia arida pelle
di vecchia, dorme la donna che sono stata,
col suo sogno, e il luogo dove i ricordi
insistono. E là vivo spesso
col segno della grazia.

IM ZEICHEN DER GNADE

Manchmal überkommt mich
ein warmer Strom, eine Flüssigkeit,
in der ich versinke. Ich bin
wieder Frau, wenn ich mit dir spreche,
wenn ich dich ins Gedächtnis zurückrufe.
Unter dieser trockenen, alten Haut
schläft eine junge Frau: mit ihrem Traum
und dem Ort, wo die Erinnerung
sie bedrängt. Und dort lebe ich oft
im Zeichen der Gnade.

DIALOGO CON L'ARCIPRETE

Ho chiesto all'arciprete
se è dono oppure peccato, o disgrazia
coltivare già antichi
sentimenti in tarda età.
Chinò il capo, e disse in un soffio
che non è peccato, ma grazia.

DIALOG MIT DEM ERZPRIESTER

Ich habe den Erzpriester gefragt,
ob es ein Geschenk sei oder eine Sünde
oder ein Unglück, vergangene
Gefühle zu hegen im hohen Alter.
Er senkte das Haupt und sagte sogleich:
Es ist keine Sünde, nein, es ist Gnade.

ALTRO DIALOGO

Lei non ha paura della parola,
disse il prete nel suo discorso,
lei è aperta e sincera.
Io non ho paura della parola,
la amo, la manipolo, la stravolgo,
essa è la mia serva gentile.
È questo, Reverendo, un grave
peccato di superbia? No, rispose,
lei usa le doti che le ha dato il buon Dio.

NOCH EIN DIALOG

Sie haben keine Angst vor dem Wort,
sagte der Priester mir im Gespräch,
Sie sind offen und ehrlich.
Ich habe keine Angst vor dem Wort,
ich liebe es, manipuliere es, wälze es um.
Es ist mir ein freundlicher Sklave.
Dies, Hochwürden, wäre eine schwere
Sünde des Stolzes? Nein, ist seine Antwort,
der liebe Gott hat Ihnen dieses Talent gegeben –
und Sie wissen es zu gebrauchen.

RICORDO DI UN GIOVANE ZIO

Dalla prima infanzia risale
una camera di ospedale,
e un uomo disteso nel letto.
I capelli bianchi denunciano
un passato infelice.
Tre anni in trincea
dopo una giovinezza
chiusa in collegio. Ora tremenda
la macchina della tipografia
ha spezzato la sua colonna
vertebrale. Nulla da fare,
nulla se non aspettare la morte.
Nota affascinante, ai piedi del letto
inginocchiate due fanciulle,
le fidanzate. Non ha dunque
sprecato il suo tempo in un anno solo
di vita a lui concesso.
Ora sorride in agonia
il mio giovane zio e chiede
l'ultima sigaretta.

ERINNERUNG AN EINEN JUNGEN ONKEL

Aus meiner frühesten Kindheit
tritt ein Spitalzimmer hervor
und ein Mann in einem Bett.
Weiße Haare weisen auf eine
unglückliche Vergangenheit.
Drei Jahre Schützengraben
nach einer Jugend im Internat.
Nun hat, auf grausame Weise,
die Typografiemaschine
sein Rückgrat gebrochen. Nichts
zu machen, man kann nur
den Tod erwarten. Faszinierende
Fußnote: knieend, zu Füßen
des Betts, zwei junge Mädchen,
Verlobte. Seine Zeit, in dem einen
Jahr, in dem ihm zu leben
vergönnt war, hat er also
zu nutzen gewusst.
Jetzt lächelt mein junger Onkel
in der Agonie und bittet
um eine letzte Zigarette.

NOTTE D'AGOSTO

È pesante questa notte d'agosto,
non poter dormire per l'aria
ferma, per l'umido calore
che dalla terra si sprigiona.
Perché la follia è più forte della ragione?
Già ai tempi della creazione, perché il serpente
e il leone, accanto alla pecora
e alla colomba? Perché uccidere per vivere?

AUGUSTNACHT

Sie ist drückend, diese Augustnacht,
nicht schlafen können wegen der stehenden
Luft, wegen der feuchten Hitze,
die aus der Erde hervorsteigt.
Warum ist der Wahnsinn stärker als der Verstand?
Warum, schon zur Zeit der Schöpfung, die Schlange
und der Löwe neben dem Lamm
und der Taube? Warum töten, um zu leben?

ATTESA

È venuta a posare le sue ceneri
in riva all'Arno, non lontano
dal padule, la vecchia
signora che scrive. Ha ubbidito al destino,
non voleva lasciare
i suoi monti e i suoi fiumi, ora come
sperduta attende sul suolo straniero
la frullana splendente.

ERWARTUNG

Sie ging ihre Asche verstreuen,
nicht weit von den Sümpfen am Ufer
des Arno, die Alte,
die schreibt. Dem Schicksal hat sie gehorcht,
ihre Berge und ihre Flüsse
wollte sie nicht verlassen, doch nun
wartet sie einsam-verloren auf fremdem
Boden auf die blitzende Sense.

CONTRASTO

Dicono che a tre anni
io già copiassi i segni grafici
dai giornali, così che poi a scuola
io vi andassi scrivendo stampatello.
Impiegarono dei mesi le piccole
suore a insegnarmi il corsivo. Ah, quale
iniziale battaglia pesa
sulla mia scrittura, forse già
la poesie è figlia di quel contrasto.

KONFLIKT

Man sagt, dass ich schon mit drei Jahren
die grafischen Zeichen aus den Zeitungen
kopierte, sodass ich dann in der Schule
nur Druckbuchstaben benutzte.
Es dauerte Monate, bis die kleinen Klosterfrauen
mir die Schreibschrift beigebracht hatten. Ach,
was für ein anfänglicher Kampf lastet
auf meinem Schreiben, womöglich
ist schon die Poesie Tochter dieses Konflikts.

UNA CITROËN ROSSA

Temo i viaggi in mare, rifiuto
l'aereo, anche se mio marito
pilota da caccia sedeva
come un dio in quelle rombanti
strutture. Io ho amato soltanto
i viaggi in treno, lo snodarsi
del lungo serpente sulle rotaie.
Ho assaporato il brivido
del treno che entrava in stazione
e portava colui che amavo.
E gli allegri viaggi con la vecchia Citroën
rossa, chè mio padre era giovane,
e scorrazzava le sue tre bambine,
e moglie e il cane su e già da Torino
a Zurigo, perché l'amore
per i nonni stranieri
rimanesse nel tempo e fugasse l'oblio.

EIN ROTER CITROËN

Vor Schiffsreisen fürchte ich mich, das Flugzeug
vermeide ich, auch wenn mein Mann,
ein Düsenjägerpilot, wie ein Gott
in diesen krachenden Apparaten saß.
Nur die Zugreisen hab ich geliebt, das Sichwinden
der langen Schlangen auf den Geleisen.
Ich habe den Schauder erlebt, wenn der Zug
in den Bahnhof einfuhr und mit ihm
der, den ich liebte. Und die fröhlichen
Reisen mit dem alten, dem roten Citroën,
als mein Vater noch jung war
und seine drei Mädchen und die Frau
und den Hund nach Zürich begleitete, hin
und zurück, damit die Liebe zu den fernen
Großeltern der Zeit widerstehe,
dem Vergessen entfliehe.

CONGEDO

Mi congedo dai versi, forse dalla vita.
Addio, addio, è tempo di separarmi,
di morire. Le strade son deserte
e mute. Forse dalla rupe
si alza l'uccello nero
che sempre mi accompagna,
spalanca su di me le vaste ali,
contro la pioggia, contro il vento.
Forse egli rimane, non mi abbandona.

ABSCHIED

Ich verabschiede mich von den Versen,
vielleicht auch vom Leben.
Lebewohl, lebewohl, es ist Zeit für die Trennung,
den Tod. Die Straßen sind leer
und stumm. Vielleicht erhebt sich vom Felsen
der schwarze Vogel,
der mich immer begleitet:
Über mir öffnet er seine breiten Flügel,
gegen den Regen, gegen den Wind.
Mag sein: Er verlässt mich nicht, bleibt.

«Zugeständnisse an die Vergangenheit» nennt Lina Fritschi einen Zyklus von fünfzehn Gedichten, der 1997 erschienen, sicher aber schon früher entstanden ist. Die Autorin stand damals in ihrem achten Lebensjahrzehnt und war seit drei Jahren vollständig erblindet. Das Ereignis, das sie in Träumen und Reminiszenzen in Erinnerung ruft, ist der frühe Tod ihres Mannes, eines Hauptmanns der italienischen Luftwaffe, der 1950 bei einem Fliegerunfall in Südapulien ums Leben kam. Es sind demnach mehr als vier Jahrzehnte, dass Lina Fritschi dieses Unglück, das zum entscheidenden Einschnitt in ihrem Leben wurde, als stille Last mit sich trug. Erst im hohen Alter findet sie die Kraft, der «Dringlichkeit des Nicht-Gesagten» (so die Autorin in einem biografischen Abriss) nachzugeben und diesen Schicksalsschlag poetisch zu gestalten. Gewiss, auch in früheren Gedichten gibt es mehr oder weniger versteckte Hinweise auf ihre Witwenschaft, vor allem im Erstlingsband «La pietra mascherata» (1967), aber erst mit den Gedichten in «Concessioni al passato» – mit denen der Sammelband «Tutte le poesie 1958–1994» endet – wird sie zum zentralen Thema. Die unmittelbarsten Gedichte über den Tod ihres Mannes, so etwa «Evidenz des Sarges», schreibt sie gar erst Ende der Neunzigerjahre und veröffentlicht sie im Jahre 2000 im Band «Poesie estreme», ihren letzten Gedichten:

Ich konnte dem Telegramm nicht glauben,
ein Irrtum, sagte ich zum Soldaten,
der vom Bezirkskommando gekommen war.
Es war neunzehnhundertfünfzig,

tut mir leid, gnädige Frau, die Beerdigung
findet in Lecce statt.
Morgen, gnädige Frau, sich in Lecce
einfinden. Um fünf Uhr nachmittags.
Gehen Sie fort, schrie ich.
Ich war allein in der kleinen Villa,
nur das Töchterchen schaute
von der Terrasse herunter. Ich rannte ans Telefon.
Schrie: Papa, Papa, Giovanni ist tot.
Er schrie und weinte. Ja, er weinte
und fluchte auf Deutsch
seinem lutherischen Gott und durchs Kabel
hör ich noch immer die allerschrecklichsten Worte
gegen das Schicksal.

Ja, es darf fast gesagt werden, dass der Tod ihres Mannes Lina Fritschi erst zur Dichterin gemacht hat, dass dieses Ereignis sowie ihre langsam sich abzeichnende Blindheit («ohne die ein Teil meiner Gedichte dunkel bliebe») Eckpfeiler einer Dichtung sind, die «alles Pathetische meidet, die sich niemals der lyrischen Überschwang hingibt oder gar der Klage oder dem Haschen nach Mitleid», so der Kritiker Giorgio Barberi Squarotti, ja, «der Höhepunkt der Tragik dieser Dichtung fällt mit einem Maximum an Strenge und Konzentration zusammen. [...] Sehend, da blind, bringt die Autorin auf den Punkt, was als der definitive Gestus im Verhältnis zur Zeit und zum Leben erscheinen kann, d. h. die Erzählung ihrer Erfahrungen in einer von Schmerz und Gewalt gezeichneten Welt.»

Angliolina (Lina) Maria Ernesta Fritschi wird am 13. Juli 1919 in Pinerolo (nahe Turin) geboren. Ihr Vater, Ernst Fritschi, Bürger von Freienstein-Teufen (Zürich), war schon als junger

Mann ins Piemont ausgewandert, wo er sich in seinem dreißigsten Lebensjahr mit Ida Rosani aus Pinerolo verheiratete. Linas Mutter wurde dadurch Schweizerin. Die Autorin hat stets Wert darauf gelegt, als Schweizerin angesehen zu werden, von «Schweizer Eltern» abzustammen, wie sie in ihrem Lebenslauf schreibt. Die Schweizer Staatsbürgerschaft musste sie jedoch 1944 wegen ihrer Heirat mit einem italienischen Offizier abgeben, was ihr alles andere als leichtfiel. Die damalige Gesetzgebung duldete keine Doppelbürgerschaft. Von ihrem Schweizer Vater, von Verwandten aus dem Norden, von ihrer Schwester Amélie, die einen Schweizer geheiratet hat, ist in mehreren Gedichten die Rede. Besonders berührend jenes, das sie ihren Eltern widmet:

MEIN VATER, MEINE MUTTER

Was, wenn nicht Liebe führte sie
zueinander? Er von den nördlichen
Flüssen kommend, die zuerst
leicht nach Süden, dann aber wieder,
zwischen Felsmassen tosend,
nach Norden fließen. Sie, mit Gewalt fast,
und bleich noch, den Internatsräumen
entrissen, widerstrebend dem großen
ehelichen Bett zugeführt.
Er sprach nur Deutsch, und sie
ein sanftes, präzises Italienisch.
Doch sie gingen immer zusammen,
bis hin in den Tod, vielleicht
suchten beide für immer
im andern das Unbekannte, das Fremde.

Lina Fritschi ist in Pinerolo aufgewachsen, einer vor allem durch ihre Militärakademie und ihre Reitschule bekannten Stadt. Dort hat sie ihren Mann kennnengelernt, dort hat sie auf Drängen ihres Vaters, eines Kleinunternehmers, eine solide kaufmännische Ausbildung erhalten. Neben ihrer Arbeit in der väterlichen Firma begann sie aber bald zu schreiben. Seit Mitte der Sechzigerjahre widmete sie sich ausschließlich ihrer literarischen und journalistischen Tätigkeit (für eine Lokalzeitung hat sie während Jahrzehnten eine Vielzahl von Artikeln zu kulturellen und anderen Themen veröffentlicht). Doch schon in den Jahren 1950–1960 beginnt die Zeitschrift «Eva» Gedichte von ihr abzudrucken. Deren Redakteurin Ottavia Vitagliano verdankt Lina Fritschi viel. Sie habe sie, die Autodidaktin, zum Schreiben animiert, ihr den Mut und die notwendige Sicherheit gegeben, die Arbeit am Gedicht als eine Berufung und nicht nur als Hobby anzusehen. «Jetzt» meint die Autorin «wusste ich, dass Poesie für mich eine wenn auch schwierige Art war, mich nicht nur dem Leben zu nähern, es zu ergründen und zu erzählen, sondern es auch zu leben».

Es dauerte aber noch mehrere Jahre, bis 1967 ihr erster Gedichtband «Der maskierte Stein» erschien, und zwar bei Rebellato, einem damals sehr angesehenen Verlag. Kritik und Publikum wurden auf den Band aufmerksam, und er schaffte es auf zweiten Platz beim «Premio Pisa». Auch die Nachfolgebände «Io, cenere» (1971, Ich, Asche), «Le lune immortali» (1977, Die unsterblichen Monde) und «Separazione e fuga» (1980, Trennung und Flucht) erhielten verschiedene Preise; mit der Sammlung «Città con corona» (1983, Stadt mit Krone, gemeint ist ihre Geburtsstadt Pinerolo) erhielt sie den prestigeträchtigen «Premio Carducci».

Zum Schreiben ist Lina Fritschi durch die Lektüre gekommen. Sie hat immer viel gelesen, im Besonderen Poesie. Sie war über Jahrzehnte Abonnentin der «Fiera letteraria». Die zeitgenössische Lyrik kannte sie also gut, aber auch die Dichter aus vergangenen Zeiten. «Vielleicht waren Dickinson und Salvatore Quasimodo meine ersten Meister. Und dann Dylan Thomas, Rimbaud. Für die Prosa Proust (ich habe den ganzen Proust gelesen), Kafka, Yourcenar.»

Nachdem sie 1984 bedingt durch ihre schleichende Erblindung gezwungen war, zu ihrer Tocher nach Fucecchio (am Arno, westlich von Florenz) zu ziehen, hat sie sich der Prosa zugewandt und einen Band mit Erzählungen, «Lady Probst e altri racconti», veröffentlicht; das Buch wurde wohlwollend besprochen. Fern von ihrer Heimatstadt, die sie nur ungern verlassen hatte, fand sie viele Jahre keine Inspiration mehr für Lyrik. Die «andere Luft, die anderen Wasser» machten ihr zu schaffen. In der Toskana hat sie sich immer wie im Exil gefühlt. Ihr fehlte das heimatliche Piemont, ihre geliebte Stadt Pinerolo, der sie eines ihrer schönsten Gedichte gewidmet hat. Es mag an Vincenzo Cardarelli erinnern, einen Dichter, den sie gut kannte.

Zärtlich-vertraut erscheint sie mir heute:
die Stadt vor der grünen
Kette der Berge,
lichtklar beim abendlichen Biswind,
und ein Schauder erreicht mich
aus den noch schneeverwehten Kanälen.
Durch den Laubengang zieht
ein gefangener Lufthauch und rüttelt
an den Plakaten; den Linden entreißt

er den letzten Seufzer und sammelt
zu Füßen der unempfindlichen Ampeln
die Blätter zu einer späten
Gigue.
Stadt, deine Schönheit
erfasst mich im Mai, wenn dich, und in dir
jeden Stein, der Lindenduft hüllt,
wenn in rosa Anmut die Kirchtürme
schimmern, wenn wilde
Akazien San Domenico
bis zur Loggia erklettern.
Stadt, deine Sanftheit
zeigt sich im Fliederzweig,
welcher üppig das herabsteigende
Geländer umrankt, dort oben, wo sich die Straße
mit den Kieselsteinen erstreckt, wo
meine Kindheit für immer verwurzelt ist.
Und dort träumt sie, von dort spricht sie,
von dort holt sie mich ein.

Und doch, 1998, kehrt die Inspiration zu ihr zurück und es entstehen ihre letzten, wie sie sagt, «extremen» Gedichte. Es sind meist Erinnerungen an ferne Zeiten, Träume, Überlegungen zum Alt-Werden, zum Blind-Sein, zum Tod. Sie zeugen wie auch ihre früheren Gedichte von «Aufrichtigkeit und Unmittelbarkeit der poetischen Arbeit, von Unverfälschtheit und genuiner, moderner Authentizität», wie die Juroren des Preises «Bari-Palese» schon 1974 schrieben.

Lina Fritschi ist eine präzise Beobachterin, sie ist neugierig, sie will alles ergründen. Poesie, meint sie, «ist die extremste Form von Kenntnis». Nicht nur die Kenntnis ihrer selbst, sondern auch ihrer Umgebung, ihrer Zeit, der Geschichte mit all ihren Tragödien. «Dies alles», so erklärt Aldemaro Toni, ihr Verleger, wird zur «Materie einer Poesie, die nichts Literarisches hat, auch wenn sie literarisch hochstehend und, würde ich hinzufügen, ethisch hochstehend ist. Wenn ich ihre Gedichte heute lese, verblüfft mich, wie sie mit wenigen – sicheren und wahren – Zügen, alles, wirklich alles sagen kann; ihren genauen Blick wirft sie auf Details, auf Situationen, Umstände, und vor allem stellt sie sich mit dramatischen, ungewohnten Akzenten die Sinnfrage, die Frage nach dem Sinn jedes Endens».

Der Tod wird in vielen ihrer Gedichte thematisiert. Aber immer überwindet ihn ein Akt, eine Geste der Liebe, wie im folgenden mit dem Titel: «Auf den Ästen des Kirschbaums»:

> Ich denke noch an den Schrecken,
> als während des Spanischen
> Bürgerkriegs du verfolgt auf den Kirschbaum
> klettertest. Dein Freund aber
> wurde zu Boden geschlagen, dort unten
> bei den Wurzeln, und mit dem Messer
> schnitt man ihm beide Augen
> heraus. Du zittertest
> noch nach Jahren und blicktest starr
> in ferne, leer gähnende Augenhöhlen.
> Deswegen hab ich dir häufig mit den Fingern
> die Lider geschlossen.

Lina Fritschi starb am 24. Dezember 2016, nachdem sie von ihrer Tochter jahrelang liebevoll umsorgt worden war. Sie hinterlässt ein Werk, das von einem Jahrhundert erzählt, in dem die innere, die persönliche Tragödie Teil von etwas Größerem, Universellen wird. Ihre Gedichte verdienen es, auch außerhalb Italiens, vor allem aber in der Heimat ihrer Vorfahren, auf Beachtung zu stoßen.

Christoph Ferber

INHALT / INDICE

I

II

Die Übersetzung wurde unterstützt von der Oertli Stiftung, Zürich.

FONDATION
OERTLI
STIFTUNG

Das *wandelbare Verlagsjahreslogo* auf Seite 1 zeigt Motive aus der persischen Kultur der prähistorischen Zeit (ca. 3500 v. u. Z.). Die Tiermotive – vor allem Widder, Steinböcke, Stiere, Vögel – auf Keramik, Gefäßen, Teppichen und Wänden stammen mehrheitlich aus den ehemaligen Hauptstädten Susa und Persepolis.

Der Limmat Verlag wird vom Bundesamt für Kultur mit einem Strukturbeitrag für die Jahre 2016–2020 unterstützt.

Umschlagbild: *Composition à cercles et demi-cercles, 1935–1938,*
von Sophie Taeuber-Arp
Typografie und Umschlaggestaltung: Trix Krebs
Korrektorat: Thomas Hack
Druck und Bindung: Friedrich Pustet, Regensburg

Die Gedichte aus Teil I stammen aus: Lina Fritschi, *Tutte le poesie,* Edizioni dell'Erba, Fucecchio 1997; die Gedichte aus Teil II aus: Lina Fritschi, *Poesie estreme,* Edizioni dell'Erba, Fucecchio 2000.

ISBN 978-3-85791-896-4